ASPERO MUNDO

ISBN: 978-84-321-7282-3
DL: M-23665-2025

ANGEL GONZALEZ

ASPERO MUNDO

ACCESIT DEL PREMIO «ADONAIS» DE 1955

ADONAIS

CXXX

EDICIONES RIALP, S. A.

Madrid, 1956

JUSTIFICACION DE LA TIRADA

De esta primera edición de
ASPERO MUNDO, de Angel González, se han hecho seiscientos
ejemplares en papel de edición y ciento veinte
en papel especial, de los cuales setenta (numerados
del 1 al 70) para los suscriptores de lujo de
ADONAIS, y cincuenta (numerados del
I al L) para los suscriptores
de honor.

Ediciones RIALP, S. A. - Preciados, 35. MADRID

A Lola,
este libro.

TE tuve
cuando eras
dulce,
acariciado mundo.
Realidad casi nube,
¡cómo te me volaste de los brazos!

Ahora te siento nuevamente.
No por tu luz, sino por tu corteza,
percibo tu inequívoca
presencia.
... agrios perfiles, duros meridianos,
¡áspero mundo para mis dos manos!

ASPERO MUNDO

PARA que yo me llame Angel González,
para que mi ser pese sobre el suelo,
fué necesario un ancho espacio
y un largo tiempo :
hombres de todo mar y toda tierra,
fértiles vientres de mujer, y cuerpos
y más cuerpos, fundiéndose incesantes
en otro cuerpo nuevo.
Solsticios y equinoccios alumbraron
con su cambiante luz, su vario cielo,
el viaje milenario de mi carne
trepando por los siglos y los huesos.
De su pasaje lento y doloroso,
de su huída hasta el fin, sobreviviendo
naufragios, aferrándose
al último suspiro de los muertos,
yo no soy más que el resultado, el fruto,
lo que queda, podrido, entre los restos ;
esto que véis aquí,

tan sólo esto :
un escombro tenaz, que se resiste
a su ruina, que lucha contra el viento,
que avanza por caminos que no llevan
a ningún sitio. El éxito
de todos los fracasos. La enloquecida
fuerza del desaliento...

AQUI, Madrid, mil novecientos
cincuenta y cuatro: un hombre solo.

Un hombre lleno de febrero,
ávido de domingos luminosos,
caminando hacia marzo paso a paso,
hacia el marzo del viento y de los rojos
horizontes—y la reciente primavera
ya en la frontera del abril lluvioso...—

Aquí, Madrid, entre tranvías
y reflejos, un hombre: un hombre solo.

—Más tarde vendrá mayo y luego junio,
y después julio y, al final, agosto—.

Un hombre con un año para nada
delante de su hastío para todo.

CUMPLEAÑOS

YO lo noto: cómo me voy volviendo
menos cierto, confuso,
disolviéndome en aire
cotidiano, burdo
jirón de mí, deshilachado
y roto por los puños.

Yo comprendo: he vivido
un año más, y eso es muy duro.
¡Mover el corazón todos los días
casi cien veces por minuto!

Para vivir un año es necesario
morirse muchas veces mucho.

ESTO NO ES NADA

SI tuviésemos la fuerza suficiente.
para apretar como es debido un trozo de madera,
sólo nos quedaría entre las manos
un poco de tierra.
Y si tuviésemos más fuerza todavía
para presionar con toda la dureza
esa tierra, sólo nos quedaría
entré las manos un poco de agua fresca.
Y si fuese posible aún
oprimir el agua,
ya no nos quedaría entre las manos
nada.

ME falta una palabra, una palabra
sólo.
    Un niño pide pan; yo pido menos.
Una palabra dadme, una sencilla
palabra que haga juego
con...
    Qué torpes
mujeres sucias me interrumpen
con su lento
llorar...
      Comprended : cualquiera de vosotros,
olvidada en sus bolsos, en su cuerpo,
puede tener esa palabra.
      Cruza más gente rota, llegan miles
de muertos.
La necesito : ¿No véis
que sufro?
    Casi la tenía ya y vino ese hombre
ceniciento.
Ahora...
    ¡Una vez más!
        Así no puedo.

MUERTE EN LA TARDE

DE los cientos de muertes que me habitan,
ésta de hoy es la que menos sangra.
Es la muerte que viene con las tardes,
cuando las sombras pálidas se alargan,
y los contornos se derrumban,
y se perfilan las montañas.

Entonces alguien pasa pregonando
su mercancía bajo la ventana,
a la que yo me asomo para ver
las últimas farolas apagadas.

Por la ceniza de las calles cruzan
sombras sin dejar huella, hombres que pasan,
que no vienen a mí ni en mí se quedan,
a cuestas con su alma solitaria.

La luz del día huye hacia el oeste.
El aire de la noche se adelanta,
y nos llega un temor agrio y confuso,
casi dolor, apenas esperanza.

Todo lo que me unía con la vida
deja de ser unión, se hace distancia,
se aleja más, al fin desaparece,
y muerto soy,

        ... y nadie me levanta.

MUERTE EN EL OLVIDO

YO sé que existo
porque tú me imaginas.
Soy alto porque tú me crees
alto, y limpio porque tú me miras
con buenos ojos,
con mirada limpia.
Tu pensamiento me hace
inteligente, y en tu sencilla
ternura, yo soy también sencillo
y bondadoso.

      Pero si tú me olvidas
quedaré muerto sin que nadie
lo sepa. Verán viva
mi carne, pero será otro hombre
—oscuro, torpe, malo—el que la habita..

MIRO

mi mano. Esta que tantas veces
olvido
sobre los objetos
más ínfimos.
Ahora es como un pájaro
bruscamente caído
desde mi cuerpo hasta
ese sitio.
Otro hallazgo : aquí está
mi cuerpo. Vivo
en él sin saber
de él, casi sin sentirlo.
A veces tropieza
de improviso
contra otro cuerpo inevitable.
Y es el amor. Sorprendido,
lo siento entonces aislado,
entero, distinto.
Otras veces el sol
le dibuja un tibio

perfil, o el viento lo rodea.
de un límite ceñido
y concreto.
Pero ahora es un frío
presentimiento.
¡Arbol erguido
frente a mí, súbito cuerpo
mío!
La sangre lo recorre. ¡Cómo
desciende! Oídlo:
éste es el corazón. Aquí se duerme
el pulso, igual que un río
en un remanso.
Allí está el limpio
hueso blanco en su cauce. La piel.
Los largos músculos tenaces y escondidos.
Sobre la tierra está. Sobre la tierra:
alta espiga de trigo,
Joven álamo verde, viejo
olivo.
Está sobre la tierra. Estaba.
Yo lo he visto.
Un momento tan sólo.

          ... Su estatura
entre yo y esos campos amarillos.

A QUE mirar. A qué permanecer seguros
de que todo es así, seguirá
siendo... Jamás pudo
ser de otra forma, compacto
y duro,
este—perfecto en su cadencia—
mundo.
Preferible es no ver. Meter las manos
en un oscuro
panorama, y no saber
qué es esto que aferramos, en un puro
afán de incertidumbre, de mentira.
Porque la verdad duele. Y lo único
que te agradezco ya es que me engañes
una vez más...

   —«Te quiero mucho...»

TODOS USTEDES PARECEN
FELICES...

... y sonríen, a veces, cuando hablan.
Y se dicen, incluso,
palabras
de amor. Pero
se aman
de dos en dos
para
odiar de mil
en mil. Y guardan
toneladas de asco
por cada
milímetro de dicha.
Y parecen—nada
más que parecen—felices,
y hablan
con el fin de ocultar esa amargura
inevitable, y cuántas
veces no lo consiguen, como
no puedo yo ocultarla

por más tiempo : esta
desesperante, estéril, larga,
ciega desolación por cualquier cosa
que—hacia donde no sé—, lenta, me arrastra.

CANCIONES

VENGO de guerrear.
De guerrear por campos
de Castilla.
Cansado
de cabalgar.
Caballo, caballo
mío : descansa.
Ya es tiempo de enamorar
bajo los tilos que marzo
ilumina.

(Me voy soñando. Vengo de soñar.)

ANCHA para el dolor,
estrecha para
contener mi ansiedad,
Castilla—España—
sostiene mi tristeza
y mi frustrada
espera,
que va, como las aguas
de sus ríos,
firmemente y pausada,
a una salobre desembocadura.
Mar amarga,
donde sus aguas pierden el perfume,
y mi amor la esperanza.

VOZ que soledad sonando
por todo el ámbito asola,
de tan triste, de tan sola,
todo lo que va tocando.

Así es mi voz cuando digo
—de tan solo, de tan triste—
mi lamento, que persiste
bajo el cielo y sobre el trigo.

—¿Qué es eso que va volando?
—Sólo soledad sonando.

TRAS la ventana, el amor
vestido de blanco, mira.
Mira a la tarde, que gira
sus luces y su color.

La begonia sin olor
sus verdes hojas estira
para mirar lo que mira
tras la ventana, el amor:
la primavera, surgida
del pico de un ruiseñor.

MIENTRAS tú existas,
mientras mi mirada
te busque más allá de las colinas,
mientras nada
me llene el corazón,
si no es tu imagen, y haya
una remota posibilidad de que estés viva
en algún sitio, iluminada
por una luz—cualquiera...
                                    Mientras
yo presienta que eres y te llamas
así, con ese nombre tuyo
tan pequeño,
seguiré como ahora, amada
mía,
transido de distancia,
bajo este amor que crece y no se muere,
bajo este amor que sigue y nunca acaba.

ADIOS. Hasta otra vez o nunca.
Quién sabe qué será,
y en qué lugar de niebla.
Si habremos de tocarnos para reconocernos.
Si sabremos besarnos por falta de tristeza.
Todo lo llevas con tu cuerpo.
Todo lo llevas.
Me dejas naufragando en esta nada
inmensa.
Cómo desaparece el monte
—me dejas...—,
se hunde el río
—...en esta...—,
se desintegra la ciudad.

Despiertas.

FINAL

ENTRE el amor y la sombra
me debato : último yo.

Prendido de un débil sí,
sobre el abismo de un no,
me debato : último
amor.

Tira de mis pies la sombra.
Sangran mis manos, mis dos
manos asidas al frío
aire : último dolor.

Este es mi cuerpo de ayer
sobreviviendo de hoy.

SONETOS

EN este instante, breve y duro instante,
¡cuántas bocas de amor están unidas,
cuántas vidas se cuelgan de otras vidas
exhaustas en su entrega palpitante!

Fugaz como el destello de un diamante,
¡qué de manos absurdamente asidas
quieren cerrar las más leves salidas
a su huída perpetua e incesante!

Lentos, aquí y allá, y adormecidos,
¡tantos labios elevan espirales
de besos!... Sí, en este instante, ahora

que ya pasó, que ya lo hube perdido,
del cual conservo sólo los cristales
rotos, primera ruina de la aurora.

ME he quedado sin pulso y sin aliento
separado de ti. Cuando respiro,
el aire se me vuelve en un suspiro
y en polvo el corazón, de desaliento.

No es que sienta tu ausencia el sentimiento.
Es que la siente el cuerpo. No te miro.
No te puedo tocar por más que estiro
los brazos como un ciego contra el viento.

Todo estaba detrás de tu figura.
Ausente tú, detrás todo de nada,
borroso yermo en el que desespero.

Ya no tiene paisaje mi amargura.
Prendida de tu ausencia mi mirada,
contra todo me doy, ciego me hiero.

GEOGRAFIA HUMANA

LÚBRICA polinesia de lunares
en la pulida mar de tu cadera.
Trópico del tabaco y la madera
mecido por las olas de tus mares.

En los helados círculos polares
toda tu superficie reverbera...
Bajo las luces de tu primavera,
a punto de deshielo, los glaciares.

Los salmones avanzan por tus venas
meridianos rompiendo en su locura.
Las aves vuelan desde tus colinas.

Terreno fértil, huerto de azucenas:
tan variada riqueza de hermosura
pesa sobre tus hombros, que te inclinas.

D A N A E

LA tarde muere envuelta en su tristeza.
Paisaje tierno para soñadoras
miradas de mujer, exploradoras
de su melancolía en la belleza.

Danae apoya en sus manos la cabeza.
El ambiente que el sol último dora
es una leve, dulce y turbadora
caricia que la oprime con pereza.

Un pajarillo gris, desde una vana
rama, canta a la tarde lenta y rosa.
Oro de sol entra por la ventana

y Danae, indiferente y ojerosa,
siente el alma transida de desgana
y se deja, pensando en otra cosa.

CAPITAL DE PROVINCIA

CIUDAD de sucias tejas soleadas :
casi eres realidad, apenas nido,
sólo un rumor, un humo desprendido
de las praderas verdes y asombradas.

Luego hay hombres de vidas apretadas
a tu destino semiderruído,
y muchachas que crecen entre el ruido
cual si estuvieran entre amor sembradas.

A casi todas miro tiernamente,
y los viejos alegran tus afueras
con sus traviesas cabelleras blancas.

Yo estoy contento y, cariñosamente,
caballo gris me gustaría que fueras
para darte palmadas en las ancas.

ALGA quisiera ser, alga enredada
en lo más suave de tu pantorrilla.
Soplo de brisa contra tu mejilla.
Arena leve bajo tu pisada.

Agua quisiera ser, agua salada
cuando corres desnuda hacia la orilla.
Sol recortando en sombra tu sencilla
silueta virgen de recién bañada.

Todo quisiera ser, indefinido,
en torno a ti : paisaje, luz, ambiente,
gaviota, cielo, nave, vela, viento...

Caracola que acercas a tu oído,
para poder reunir, tímidamente,
con el rumor del mar, mi sentimiento.

SE me hiela la voz en la garganta
Mi voz más dulce, con la que solía
hablar de amor a solas, se me enfría
aprisionando todo lo que canta.

¿O es una voz distinta ésta que tanta
tristeza dice que ensombrece al día?
En lentos remolinos de agonía
mi voz, ceniza densa, se levanta.

Fino polvo sutil de mi tristeza
conducido en pausados giros quedos
a las más nimias cosas por el viento!

Todo es ya gris, y tengo la certeza
que, de tocarlo todo, vuestros dedos
tendrán la mancha de mi desaliento.

SONETO A ALGUNOS POETAS

TODAS vuestras palabras son oscuras.
Avanzáis hacia el hombre con serena
palidez : miedo trágico que os llena
la boca de palabras más bien puras.

Decís palabras sórdidas y duras :
«fusil», «muchacha», «dolorido», «hiena».
Lloráis a veces. Honda es vuestra pena.
Oscura, inútil, triste entre basuras.

España es una plaza provinciana
y en ella pregonáis la mercancía :
«un niño muerto por una azucena».

Nadie se para a oiros. Y mañana
proseguiréis llorando. Día a día.
...Impura, inútil, honda es vuestra pena.

ACARICIADO MUNDO

POR aquí pasa un río.
Por aquí tus pisadas
fueron embelleciendo las arenas,
aclarando las aguas,
puliendo los guijarros, perdonando
a las embelesadas
azucenas...

No vas tú por el río:
es el río el que anda
detrás de ti, buscando en ti
el reflejo, mirándose en tu espalda.

Si vas de prisa, el río se apresura.
Si vas despacio, el agua se remansa.

LA LLUVIA

NO ; la lluvia no te moja :
te resbala.
Tienes la piel de aceite, amada mía.
Ungida con aceite, perfumada.

Todo lo ha traspasado de ternura
la lengua transparente de las aguas.
Un vapor dulce, como el aliento
de un buey, cálidamente exhalan
los árboles.
Gotas largas,
como alfileres líquidos,
brillan al primer sol de la mañana.

La lluvia que ha mojado tus cabellos
no ha mojado tu cuerpo ni tu cara.

JARDIN

¿QUE interroga
el girasol más alto sobre
las rosas?
¡Mudo
espanto del jazmín! Las ampulosas
dalias retuercen su violenta
envidia. Una begonia
extiende al sol la palma verde
de su mano. Viva, ojerosa
flor : el pensamiento.
Pero tú cortas
un clavel.
       Los alhelíes
recobraron su aroma.

EL otoño cruzaba
las colinas de débiles
temblores. Cada
hoja caída
estremecía toda una montaña.

Leve rumor de luces y de brisas
rodaba por el valle, se acercaba.
Los pájaros bajaban bruscamente
temblorosas las ramas
cayéndose hacia el cielo, arrebatados
por una fuerza extraña.
Las carnosas ortigas
se apretaban
como un rebaño
inquieto. Levantaban del agua
su cabeza, los juncos.
Las verdinegras zarzas
se crecían.

Imperceptibles, más delgadas
por la tensa postura de su espera,
las hierbas, anhelantes...

                    Tú llegabas,
y una amarilla paz de hojas caídas
reponía el silencio a tus espaldas.

LLUVIA SOBRE LA NIEVE
EN PRIMAVERA

EXHUMANDO ateridas margaritas,
la lluvia
recupera el color para la tarde.
Ninguna
cosa ha desaparecido :
la piedra vuelve pura
—más que antes—
y la tierra es la tierra como nunca.

El frío se corrompe por los bordes,
se fatiga, se ensucia,
pierde gracia y materia, sobrevive
en improbable espuma.

Desesperado esfuerzo de la nieve
que aún intenta aferrarse a la blancura,
son esas huellas de tus pies, intactas,
que el agua va llenando de ternura.

PERROS contra la luna, lejanísimos,
llevan hasta los ámbitos
más próximos la inquietud de la noche
rumorosa. Claros
sonidos, antes inaudibles,
se perciben ahora. Ecos vagos,
jirones de palabras, goznes
agrios,
desasosiegan el recinto en sombra.

Apenas sin espacio,
el silencio, el inasible
silencio, cercado
por los ruidos, se aprieta
en torno de tus piernas y tus brazos,
asciende levemente a tu cabeza,
y cae por tus cabellos destrenzados.

Es la noche y el sueño : no te inquietes.
El silencio ha crecido como un árbol.

APOYAS la mano
en un árbol. Las hormigas
tropiezan con ella y se detienen,
dan la vuelta, vacilan.
Es dulce tu mano. La corteza·
del abedul también es dulce : dulcísima.
Una agridulce platá otoñal sube
desde su raíz honda hasta ti misma.
Mojada por la luz sucia y filtrada,
peinada fríamente por la brisa,
te estás quedando así : cada momento
más sola, más pura, más concisa.

PAJAROS

DETENIAN su vuelo
sobre el árbol
más próximo. Suspendían
su canto
para volver
a reanudarlo
de un modo distinto. Llegaban
otros pájaros.
Volaban. Los sostenía el viento.
Un viento levantado
desde las más profundas
raíces—cálido
aliento de la tierra. Tropezaban
uno con otro, como si algo
les fuese limitando
angustiosamente
el espacio.
Ya no cabían. La tarde entera
se debatía estremecida bajo
su peso.

Y de pronto, callaron.
El silencio
iluminó de un fogonazo
tu figura.
Un eco dilatado
apagó los rumores
más lejanos.
                    Ellos
te estaban escuchando.

SON las gaviotas, amor.
Las lentas, altas gaviotas.

Mar de invierno. El agua gris
mancha de frío las rocas.
Tus piernas, tus dulces piernas,
enternecen a las olas.
Un cielo sucio se vuelca
sobre el mar. El viento borra
el perfil de las colinas
de arena. Las tedïosas
charcas de sal y de frío
copian tu luz y tu sombra.
Algo gritan, en lo alto,
que tú no escuchas, absorta.

Son las gaviotas, amor.
Las lentas, altas gaviotas.

MILAGRO de la luz : la sombra nace,
choca en silencio contra las montañas.
se desploma sin peso sobre el suelo
desvelando a las hierbas delicadas.
Los eucaliptos dejan en la tierra
la temblorosa piel de su alargada
silueta, en la que vuelan fríos
pájaros que no cantan.
Una sombra más leve y más sencilla,
que nace de tus piernas, se adelanta
para anunciar el último, el más puro
milagro de la luz : tú contra el alba.

BOSQUE

CRUZAS por el crepúsculo.
El aire
tienes que separarlo casi con las manos
de tan denso, de tan impenetrable.
Andas. No dejan huellas
tus pies. Cientos de árboles
contienen el aliento sobre tu
cabeza. Un pájaro no sabe
que estás allí, y lanza su silbido
largo al otro lado del paisaje.
El mundo cambia de color : es como el eco
del mundo. Eco distante
que tú estremeces, traspasando
las últimas fronteras de la tarde.

CIUDAD

BRILLAN las cosas. Los tejados crecen
sobre las copas de los árboles.
A punto de romperse, tensas,
las elásticas calles.
Ahí estás tú : debajo de ese cruce
de metálicos cables,
en el que cuaja el sol como en un nimbo
complementario de tu imagen.
Rápidas golondrinas amenazan
fachadas impasibles. Los cristales
transmiten luminosos y secretos
mensajes.
Todo son breves gestos, invisibles
para los ojos habituales.
Y de pronto, no estás. Adiós, amor, adiós.
Ya te marchaste.
Nada queda de ti. La ciudad gira :
molino en el que todo se deshace

INDICE

SONETOS

ACARICIADO MUNDO

SUSCRIPTORES DE HONOR DE
ADONAIS

Los ejemplares de honor de ADONAIS, que van numerados e impresos en papel offset especial, llevan el nombre del suscriptor y una dedicatoria autógrafa del poeta.

Esta suscripción es limitada a cincuenta ejemplares, y su importe trimestral, correspondiente a tres volúmenes de la colección, es de cincuenta pesetas.

ADONAIS
COLECCION DE POESIA

Director de la colección: JOSE LUIS CANO

VOLUMENES PUBLICADOS
(1943 - 1956)

COLECCION
ADONAIS

CONDICIONES DE SUSCRIPCION

Suscripción corriente

Un trimestre (tres volúmenes) ......   25 ptas.
Un semestre (seis volúmenes)   50   »
Un año (doce volúmenes) 100   »

Suscripción de lujo

(Ejemplar numerado en papel especial.)

Un trimestre ....   40 ptas.
Un semestre   80   »
Un año 160   »

Los ejemplares de lujo están reservados a los suscriptores.

Suscripción de Honor

De los volúmenes de «ADONAIS» se hace además una tirada aparte de cincuenta ejemplares para suscriptores de honor, numerados del I al L.

Estos ejemplares, impresos en papel especial, llevan el nombre del suscriptor y una dedicatoria autógrafa del poeta autor del volumen. El importe de la suscripción trimestral (tres volúmenes) a esta edición de honor es de 50 PESETAS. Suscripción anual (doce volúmenes), 200 PE-SETAS.

Precio del ejemplar corriente en librería : 10 PESETAS.

«ADONAIS» publica un volumen al mes.

Pedidos a Editorial Rialp: Preciados, 35. Madrid

ESTA PRIMERA EDICIÓN DE
«ASPERO MUNDO», DE ANGEL GONZÁLEZ, VOL. CXXX
DE LA COLECCION ADONAIS, SE ACABÓ
DE IMPRIMIR EL 20 DE ABRIL DE
1956, EN LOS TALLERES ARTES
GRÁFICAS «ARGES»,
EN MADRID